AF300244

SERMON

PRÊCHÉ,

LE JEUDI 10 AVRIL 1783,

EN L'EGLISE

DE SAINT-EUSTACHE,

A PARIS.

Pour le Baptême d'une Famille Juive.

Monsieur le Duc de Duras, *au nom du* Roi; *Madame la Princesse* de Chimay, *au nom de la* REINE.

A PARIS,

Chez MÉQUIGNON junior, Libraire,
rue de la Juiverie.

1783.

SERMON

PRÊCHÉ le Jeudi 10 *Avril, en l'Eglise de Saint-Euſtache, à Paris, pour le Baptême d'une Famille Juive.*

Monſieur le Duc *de Duras*, au nom du *ROI*, Madame la Princeſſe *de Chimay*, au nom de la *REINE*.

Non eſt diſtinctio Judæi & Græci.

Il n'y a point de diſtinction entre le Juif & le Gentil. *Epit. aux Rom.* Chap. 10.

L'UNIVERS appartient au Médiateur. O Nation Juive! tu fus ſon premier choix; tu ſeras ſa derniere conquête : ton retour dans ſon bercail couronnera ſon ouvrage. Famille prédeſtinée ! que l'élection de la Grace introduit en ce jour parmi les avant-coureurs du retour général. Le Baptême

A 2

va vous enter de nouveau fur l'Olivier franc, dont votre race , quoique recepée par l'incrédulité , demeure toujours le tronc primitif, & la racine fainte. Quittez le pied de la montagne , où Moyfe fe voile pour parler : venez fur le Thabor de l'Eglife : la gloire y eft mille fois plus éclatante , & elle n'opprime pas les yeux fortifiés par la Foi. Moyfe & Elie y rendent témoignage à J. C. La voix du ciel s'y fait entendre : le Royaume célefte s'y ouvre à tous les afpirans.

La Loi a figuré, l'Evangile a accompli, l'Eternité couronnera. La Loi a été l'ombre, l'Evangile eft la lumiere admirable, aurore de la Splendeur éternelle. Un feul & même Dieu a regné, regne, regnera. Un feul & même Médiateur a fauvé, fauve, fauvera. Une feule & même Religion, d'abord dans l'enfance , & inftruite par des figures ; maintenant dans l'adolefcence , & enrichie de la poffeffion fous le voile ; éternellement dans l'âge parfait, & admife à la connoiffance face à face.

Tel eſt le plan ſuivi de l'amour de la Divinité pour les hommes.

Tout a été Prophétie dans l'ancienne Loi. Tout, & la vérité même que nous poſſédons, eſt Prophétie encore dans l'Evangile. Le vrai Chrétien eſt celui qui croit, & qui voit l'accompliſſement des Prophéties anciennes. *Premier Point*. Qui croit, qui eſpere l'accompliſſement des Prophéties évangéliques. *Second Point*.

Vierge Sainte ! J. C. vous donne pour enfans, tous ceux qu'il adopte pour ſes Freres. Recevez ces nouvelles conquêtes dans vos bras maternels. Redoublez votre tendreſſe pour vos aînés. Que par votre interceſſion l'ardeur des Néophites s'enflamme, la ferveur des anciens Chrétiens ſe ranime ! *Ave, Maria*.

PREMIER POINT.

LA Famille humaine devoit être ennoblie par un de ſes rejettons prédeſtiné Fils de Dieu ; l'Homme-Dieu a dû être tout l'intérêt, comme il eſt toute la gloire, de sa famille. Il a pu se faire attendre, il n'a jamais pu être étranger. Absent aux yeux, il a dû être présent à la Foi par la Prophétie. Prophétie *de sa venue*, Prophétie *de ses qualités*, Prophétie *de ses bienfaits*.

La Prophétie *de sa venue* a été continuelle. Nommez un seul siecle, où la Divinité ait cessé d'entretenir les hommes du Messie à venir. Au moment où la Prophétie se taira, nous le verrons paroître. Prenons en mains les fastes de l'Univers. Nations de la terre, produisez les vôtres depuis la création. Vous les avez perdus ? O opprobre ! o ignorance ! La nation Juive a conservé les siens. Ils remontent à la naissance du monde. Ce monument, revêtu de toute l'authenticité divine & humaine, n'a point de rival sur la terre. Venez apprendre votre propre origine ; venez admirer le Messie, toujours prédit, toujours annoncé. Vous remarquerez, malgré vous la raison qui a conservé dans une Nation toujours médiocre,

(7)

l'hiſtoire primitive qui s'eſt égarée dans les nations floriſſantes & jalouſes des Beaux-Arts. Le peuple Juif s'eſt fait une religion de recueillir toutes les Prophéties ſur le Meſſie ; il a néceſſairement recueilli tous les tems. Les autres peuples ſe ſont fait un intérêt d'oublier le Meſſie ; ils n'ont pu y réuſſir, qu'en ſe commandant l'oubli des premiers tems. Mais enfin l'oubli & l'ignorance avouée doit céder à la lumiere. Partons des faits ; les faits ſont la baſe de la vraie Philoſophie ; la Philoſophie, qui laiſſe les faits, & ſe jette dans des ſyſtêmes, ſort du ſentier de la raiſon.

La Prophétie s'empare de l'homme, dès le tems de ſon innocence. Dieu lui donne une compagne : la premiere parole qu'Adam adreſſe à Eve récemment conſtruite, fut l'annonce, *dit ſaint Paul*, du myſtere de J. C. & de l'Egliſe. Le péché ravit bientôt cette innocence ; la Prophétie n'eſt point interceptée ; la chûte de l'homme devient l'époque de la promeſſe ſolemnelle du Réparateur. La famille hu-

Eph. 5. 32.

Gen. 3. 15.

A 4

maine fe remplit de Prophetes : Abel, Seth , Enos , l'immortel Henoch ; la chaîne n'éprouvera aucune interruption. Enoch en quittant la terre , y laiffe Noë , dont l'arche, *dit S. Pierre*, eft la plus brillante figure de la réparation du Chrift : Noë à fon tour voit naître Abraham , ce Prophete incomparable , Pere d'un Peuple dépofitaire incorruptible & organe perpétuel de la Prophétie.

Vocation d'Abraham. Epoque célebre. L'attente du Meffie étoit alors la Religion univerfelle de tout le genre humain : mais l'Univers infidele commençoit à obfcurcir les Oracles , par le mélange de mille fables fuperftitieufes. Il viendra dans peu à les oublier ; la Providence veille. Avant de perdre entierement votre tradition , nations aveugles , confignez-la , confignez-la dans vos propres Fables. Que les traces foient affez diftinctes , *dit Clement d'Alexandrie*, pour dépofer à jamais contre vous. Qu'elles foient trop confufes pour vous éclairer,

Dieu vous livre à la corruption de vos cœurs. O profondeur impénétrable de ses jugemens, *s'écrie l'Apôtre*, il a tout renfermé dans l'incrédulité, pour faire ressortir l'éclat de ses miséricordes. Incrédulité dans la premiere gentilité , pour relever par son contraste la divinité de sa vocation sur Abraham & sur sa race : c'est ainsi que dans la suite Dieu permettra l'incrédulité de cette race, pour faire briller son élection divine sur la Gentilité.

Quoi qu'il en soit , la Prophétie se concentre dans Abraham & dans sa postérité. Elle n'en parle pas moins pour tout le genre humain : le genre humain l'entendroit, s'il ne fermoit les oreilles ; le jour viendra où il les ouvrira. La Prophétie est comme l'élément, où le peuple Juif prend sa naissance, & auquel il devra toute sa consistance. Tant qu'elle retentira, il durera lui-même. Quand elle cessera par l'accomplissement, il sera dispersé ; & s'il n'est pas anéanti, c'est qu'après le grand accompliſſement, il reſtera toujours une derniere circonſtance à remplir, je veux dire, le ſecond avenement du Meſſie.

Oui, le peuple Juif eſt le peuple de la Prophétie. La Prophétie, dans Abraham, le déſigne & le prépare. La Prophétie, dans Jacob & Joſeph, le tranſplante en Egypte au nombre de 75 ames. La Prophétie, dans les chefs de famille, l'y multiplie. La Prophétie, dans Moyſe, l'en retire à travers le déſert. La Prophétie, dans Joſuë, l'établit ſur la terre promiſe. La Prophétie, dans ſes Juges, le gouverne. La prophétie, ſous ſes Rois, l'illuſtre avec un éclat intariſſable dans Juda & dans Iſraël. La Prophétie l'accompagne dans ſa captivité à Ninive & à Babylone. La Prophétie le ramene dans ſes foyers, & s'y établit avec lui juſqu'au dénouement.

Quelle Prophétie ? celle du Meſſie : eſt-ce qu'il y en a jamais eu d'autres ? Sans cela, les hommes étoient-ils faits pour recevoir le don de prophétiſer ? Il y a eu plufieurs Prophetes ; il n'y a eu qu'une feule Prophétie, toujours uniforme, toujours retentiffante ; & fon indefectible conftance eft elle - même une preuve de fa divinité. Elle emploie mille organes fucceffifs, fimultanés : fon cri eft toujours le même : *Le Meffie viendra.* Elle prédit par occafion mille autres événemens : elle brille par la connoiffance des cœurs & des penfées : elle fe fignale par d'éclatans miracles : c'eft uniquement pour étayer la croyance qui lui eft due quand elle ajoute : *Le Meffie viendra.* Les événemens publics, les événemens particuliers occafionnent fon entrée dans l'enthoufiafme ; elle n'en fort jamais qu'après avoir défigné, ou par fon oracle exprès, ou par quelque figure, *le Meffie qui viendra.*

Il viendra, difoit-elle d'abord, & fon temps eft éloigné : *videbo eum, fed non propè.* Il viendra, difoit-elle enfuite, il ne tardera pas : *Veniet & non tardabit.* Il viendra lorfque le fceptre fortira de Ju-

Num. 24. 17.

Hab. 2. 3.

Gen. 49. da , difoit-elle , par la bouche de Jacob.
10. Il viendra à l'iffue des 70 femaines dont je défigne le commencement , difoit-elle, Dan. 9. par l'organe de Daniel. Enfin il s'éleve un Prophete : fon expreffion ne reffemble à aucune de celles de fes dévanciers. Il Mal. 3. viendra fur le champ, dit-il : *Statim veniet.* 2. C'eft en effet le dernier hérault qui précede le Roi attendu. Il en défigne le précurfeur qui doit en être le contemporain ; & auffi-tôt, fur le champ , fans délai , paroîtra le dominateur que vous attendez , *ftatim veniet.*

La prophétie en effet ceffe dans Malachie. La trompette qui, depuis l'origine du monde, n'a jamais difcontinué fes fons aigus & perçans, s'enfevelit dans un profond & éternel filence. Ses accens étoient inconteftablement divins. Toutes les époques qu'elle avoit défignées font évidemment remplies ; le Meffie eft venu. Ce Meffie eft Jefus-Chrift. Nul autre , de l'aveu de fes plus obftinés ennemis , ne peut entrer en concurrence. Il en a pris le titre ; il l'a confirmé par ses miracles. Les miracles & les prophéties sont la voix solemnelle du Ciel, Leur réunion, au temps marqué , forme une démonstration invincible. L'esprit humain ne peut résister sans folie ; quoique le cœur ne puisse se rendre que par la grace du Rédempteur.

La Prophétie avoit désigné non-seulement le temps , mais *les qualités* du Messie. O vous tous qui avez des yeux , saisissez ce nouvel éclat de lumiere , encore plus ravissante. Le Messie sera un homme singulier & incomparable : *Singulariter sum ego donec transeam.* Sa singularité sera si divine , qu'aucune ambition humaine ne pourra atteindre à l'égaler, qu'aucun œil attentif ne pourra se méprendre à la discerner : le tableau prophétique est tissu de traits si extraordinaires , qu'il servira de témoignage irrécusable, à l'exemplaire lorsque l'exemplaire se produira : *Scrutamini scripturas , illæ sunt quæ testimonium perhibent*

Pf. 140. 10.

Joann. 5. 39.

de me. Sachez , fachez les confronter. La Prophétie eft l'Evangile anticipé : L'Evangile eft la Prophétie mife en action.

Adam vit en efprit le Meffie, comme le fruit de la femme. Noë, comme fon defcendant par Sem. Abraham & David, comme le rejetton de leur fang. La Prophétie l'a toujours annoncé comme un homme. L'Evangile en rapporte la defcendance de David , d'Abraham , de Noë , d'Adam. Il en nomme la Vierge-Mere ; il en raconte la naiffance , l'enfance , la vie , les travaux , les douleurs, la mort ; il en fait obferver la complaifance à s'appeller Fils de l'homme ; il le dépeint comme un homme.

Adam le vit comme le Dieu réparateur par fa grace ; Abraham comme le Dieu créateur de toutes les nations, qu'il béniroit comme fon ouvrage ; Enoch, comme le Dieu & le Seigneur des Saints , dont il eft le chef ; Jacob adora fon nom , qui eft admirable ; Jofué fe profterna devant

lui dans les campagnes de Jericho ; Noë
l'avoit appellé le Dieu de Sem ; Moyse,
celui qui est ; David le nomme son Seigneur ; Isaïe, le Dieu caché : tous les
Propheres en parlent comme d'un soleil
qui s'eleve dans le haut des Cieux : la
Prophétie l'a toujours proclamé Dieu.
L'Evangile l'appelle le Verbe de Dieu
fait chair ; il nous développe le mystere
ineffable de son origine éternelle. Son
nom propre, dit-il, est le Fils de Dieu ;
en même temps qu'il est très-réellement
Fils de l'homme.

O de quelle gloire les oracles le repré-
sentent environné ! Triomphateur irré-
sistible, vainqueur universel, conqué-
rant insatiable ; tous les Rois sont à ses
genoux, tous les peuples adorent la trace
de ses pieds, tous ses ennemis mordent
la poussiere. Il est le restaurateur de son
peuple ; & néanmoins il sera l'homme de
douleur, l'opprobre des hommes, le
jouet de la populace, la victime de ses
envieux, inconnu, méprisé, poursuivi,

calomnié, raffafié d'opprobres, dévoué aux tourmens ; il traînera une vie obfcure , il la terminera dans l'ignominie. Imagination humaine , donne ici l'effor à ta fécondité : trace , fi tu le peux , une carriere vraifemblable de vie humaine, où le contrafte de tant d'éclat & de tant de foibleffe fe combine , marche de front , puiffe au moins fe fuccéder, fans fe nuire. L'Evangile paroît, l'énigme s'évanouit. La contrariété apparente eft le moyen direct de la conciliation. Je vois littéralement la même obfcurité , la même humilité, la même ignominie , les mêmes tourmens prédits par les Prophetes. C'eft cette infirmité apparente qui chaffe le Prince du monde, enchaîne toutes les puiffances de malice , répandues dans les airs, fur la terre, dans les enfers ; éteint les foudres céleftes , ouvre les tréfors de la miféricorde ; le Ciel eft conquis , la grace méritée ; tout fon peuple, qui eft le genre humain , eft racheté. Un ordre furnaturel & plein de prodiges s'établir ; l'ordre même naturel entre dans ses mains : tous les pas de sa vie mortelle font marqués par des miracles. Dans tout le cours des siecles , les peuples & les Rois font gouvernés par sa providence , foumis à ses loix , réfervés à son tribunal. L'éternité , cette éternité qui commence pour chaque homme si peu de temps après sa naiffance ; l'éternité les verra tous , ou à ses genoux à titre d'adorateurs , ou fous ses pieds à titre d'ennemis brifés & écrafés.

Citons un trait plus fenfible encore. Le détail circonftancié de la vie du Meffie étoit configné dans les prophéties ; qui fçaura le démêler ? Prenez les dates évangeliques. Sous leur ordre , rangez le texte des oracles , il vous donnera l'hiftoire complette ; aucun trait hiftorique ne fera obmis , aucun oracle ne reftera fuperflu , indecis , furabondant. L'enfantement d'une Vierge , Bethleem , l'adoration des Mages , le maffacre des Innocens , le retour d'Egypte ,

l'habitation à Nazareth , l'apparition du
Précurfeur , le Baptême de l'Homme-
Dieu , fa prédication dans la Galilée ,
dans la Judée, dans Jérufalem, dans le
Temple ; fes miracles & leur prodigieux
éclat ; fes ennemis & leurs incroyables
fureurs ; fa mort & toutes fes circonf-
tances ; fa réfurrection , fon afcenfion,
l'effufion de fon Efprit , l'inftitution de
fes Sacremens , la fondation de fon Eglife ; tout eft nommé , tout eft caractérifé.
Avec l'Evangile , la Prophétie n'eft plus
un myftere: avec la Prophétie, l'Evangile,
dans fa noble fimplicité jette l'éclat le
plus divin & le plus radieux.

Le plus profond myftere de la prophétie étoit la nature des *bienfaits* dont
le Meffie devoit enrichir l'univers. Grand
Dieu ! ouvrez les yeux de la multitude
qui m'écoute ! qu'elle apperçoive les plus
beaux rayons de votre clarté fur la terre.

En lifant les Prophetes , nous nous
fentons comme tranfplantés dans une
région enchantée ; nous perdons haleine

fi nous voulons les fuivre. L'imagination étonnée, tranfportée, craint de
s'égarer. Quelles images vaftes ! Quelle
magnificence exceffive d'idées ! Quel
affortiment fur - humain de merveilles
& de prodiges ! à chaque pas on nous
entretient de réfurrection, de guérifon,
de force, de vigueur inaltérable : ce ne
font que richeffes, tréfors, abondance,
arbre de vie, manne célefte, terre où coule
le lait & le miel, pain des Anges, fro-
ment des Elus, vin qui produit les Vier-
ges, gloire, conquête, héroifme, éle-
vation au-deffus des montagnes, élevá-
tion au-deffus des cieux & de tout l'ordre
vifible. Ici je vois une fontaine toujours
ouverte au milieu de Jacob : elle forme
un torrent qui arrofe des épines, & les
metamorphofe en arbres fertiles, cou-
verts de fleurs immortelles, & de fruits
délicieux. Là on me montre un efprit de
vie qui entre dans des animaux, leur
donne des ailes, les fait marcher & vo-
ler, avancer & ne jamais revenir fur

leurs pas : ils font pleins d'yeux dans tout leur corps ; ils voient Dieu, & fe couvrent la face de leurs ailes.

Sont-ce des hyperboles ? font-ce des vérités ? Quoi ! la prophétie, organe de la Divinité, feroit hyperbolique ! la Prophétie du Meffie, feul bienfaiteur, par qui la Divinité verfe fes bienfaits fur les hommes, promettroit plus pour donner moins ! Dieu n'a-t-il pu égaler par fes dons la pompe de fes promeffes ? ou tempérer fes expreffions fur l'exacte étendue de fes dons ? L'ancienne Loi, fes Sacremens, fes cérémonies, fes facrifices, étoient une prophétie vivante & continuelle ; tout y étoit figuratif. Si on vouloit figurer peu : pourquoi un joug fi intolerable ? Si ce joug conftituoit tout le corps de la Religion, la figure demeurera-t-elle plus vafte que l'objet figuré ?

Ah, Chrétiens ! le joug de la Loi n'a rien eu de furabondant, il n'a peri aucune lettre, aucun point de la lettre qui n'ait été rempli. Les expreffions des Prophetes n'ont rien eu d'enflé ; elles étoient littérales, justes, modérées, exactement proportionnées ; elles n'étoient si sublimes que parce qu'elles désignoient la longueur & la largeur, la hauteur & la profondeur des richesses inépuisables renfermées en J. C. : sa rédemption avec ses effets, sa grace & ses opérations, sa charité & la communication de son esprit ; notre incorporation, notre transformation, notre vie spirituelle en lui ; sa formation, son habitation, son accroissement dans nous ; enfin, cet ordre incompréhensible, mais indubitable, qui fait de nous, aux yeux de son Pere, un même corps mystique, un même tout, un même Christ avec lui. Oui, la prophétie a été véritablement divine, puisqu'elle a connu des images, qu'il étoit impossible à l'esprit humain d'enfanter. L'Evangile est divin, puisqu'il les a réalisées.

C'est cette foi ferme & distincte qui fait les Chrétiens. Des Disciples se rangent à la suite de J. C. dans sa vie mortelle ? Ils trouvoient en lui celui qu'ont annoncé Moyſe & les Prophetes. L'Egliſe naiſſante ſe forme ? Ce ſont les trois mille ames qui, au premier diſcours de S. Pierre, avouent avoir crucifié celui qu'ont prédit Moyſe & les Prophetes. Les conquêtes des Apôtres dans Jéruſalem & dans les Provinces Romaines ; ſont les Juifs qui reconnoiſſent en lui le Meſſie dont ont parlé Moyſe & les Prophetes. Corneille étoit Gentil ; il devint Chrétien lorſque Pierre lui eut montré le témoignage des Prophetes. L'Eunuque Ethiopien fut baptiſé ; après avoir compris l'oracle du Prophete. Aux Grecs de Corinthe, d'Epheſe, comme aux Hebreux de la diſperſion ; S. Paul prouvoit la divinité de J. C. par les prédictions des Prophetes.

L'eſprit de la Loi nouvelle étoit caché dans les anciens oracles. L'Evangile a rompu le noyau , dit S. Auguſtin, & l'eſprit s'eſt manifeſté. Voici ma nouvelle alliance, dit le Seigneur, par Joël,

Joël. 2.
28.

(23)

(& S. Pierre le fit remarquer au moment Aa. 2.
précis de l'événement.) Je repandrai de 17.
mon esprit sur toute chair , & vos fils
& vos filles prophétiseront , c'est-à-dire,
appartiendront à la Loi nouvelle , *prophetabunt.* Ils n'annonceront point de
nouveaux oracles ; ils comprendront les
anciens. Le Prophete prophétisoit ; il an-
nonçoit un oracle dont il avoit l'intelligence. Le Juif charnel répétoit l'oracle
sans le comprendre ; il ne prophétisoit
pas. Le Chrétien a reçu de l'esprit du
Prophete : *effundam de spiritu meo* ; il ré-
péte l'oracle, il le comprend, il prophé-
tise , *prophetabunt.* Le Chrétien qui ig-
nore les anciennes Prophéties , les ré-
péte-t-il ? les comprend-il ? en a-t-il la
lettre ? en a-t-il l'esprit ? prophétise-t-il ?
est-il chrétien !

Heureuse famille , placée sur le bord
de la piscine baptismale ! Vous dites à
l'Eglise , comme l'Ethiopien à Philippe :
Ecce aqua , quid prohibet me baptisari ?   Aa. 8.
Qui peut retarder notre baptême , objet   36.

de nos vœux fi empreffés ? L'Eglife vous répond comme Philippe : *Si credis ex toto corde , licet.* J'exige la foi du cœur, la foi de tout le cœur. Foi du cœur, foi de perfuafion , de conviction, d'inftruction qui voit clairement la vérité, en pénétre les preuves, en poffede l'évidence. Foi de tout le cœur, qui triomphe de tout entêtement, de toute prévention, de tout refpect humain, embraffe la vérité avec tranfport , en fait fon unique bonheur ; déterminé à vivre fous fa loi, prêt à mourir pour elle. Ah ! nous avons trouvé cette foi en vous , j'en dois le témoignage public à l'édification de l'Eglife. L'efprit de Dieu vous communique fon intelligence auffi bien qu'à nous. Qui fommes-nous pour vous écarter ? Approchez avec confiance. La porte de la fageffe célefte s'ouvre devant vous ; entrez , entrez, non dans la lâche intention de vous arrêter à cette porte, entrez pour avancer chaque jour de foi en foi , de clarté en clarté.

Le retour général de votre nation eft

attendu

attendu par l'Eglife, comme une heureufe époque de renouvellement de ferveur dans la foi parmi tous fes enfans. Alors il n'y aura plus d'ignorance dans fon bercail ; plus de vaine fcience, auffi funefte que l'ignorance. Les queftions fubtiles fur les entours de la Religion finiront ; on en eftimera, on en connoîtra, on en étudiera le fond & la fubftance. La fcience de la Religion ne fera plus un rafinement de dialectique qui brode les myfteres ; la défenfe de laReligion ne fera plus une gloire de parti ; la prédication de la Religion ne fera plus un profane étalage d'éloquence pétillante. L'oracle s'accomplira à la lettre ; il n'y aura qu'une feule bergerie, & un feul Pafteur qui fera réellement fuivi ; une feule école, & un feul maître qui fera réellement écouté ; une feule Doctrine & un feul Docteur de la vérité pure & folide. O, fi votre retour particulier pouvoit ranimer la ferveur de tous ceux qui m'écoutent !

Oui, mes Freres, la douleur & la

compassion entraîne , malgré moi , mon discours sur vous. Baptisés dès l'enfance, le grand nombre parmi vous a surpris le Baptême. Si l'Eglise eût prévu avec certitude votre conservation jusqu'à l'âge présent , & la négligence profane où vous deviez vous plonger , non elle n'eût jamais consenti à vous prêter sa foi que vous deviez estimer si peu. Ingrats , infideles , parjures ! Si vous n'aviez pas encore reçu le Baptême, pourroit-elle vous le donner ?

Vous lui demanderiez la raison de son hésitation : *quid prohibet me baptisari ?* Elle vous répondroit. Populace inappliquée , c'est la profondeur de votre ignorance stupide. Malheureusement rassûrée par une foi implicite, qui , très-suffisante quand elle est chrétienne, cesse d'être chrétienne & suffisante, quand elle néglige de s'étendre & de se développer : mille & mille documens essentiels au salut , vous sont étrangers.

Quidprohibet me baptisari ? Femmes & filles mondaines : c'est votre fantôme

d'inftruction. Très-réfléchies, très-péné-
trantes, très-fçavantes peut - être dans la
connoiffance du monde & de fes frivoli-
tés, dans l'art de plaire & de féduire,
dans l'adreffe à tromper & à parvenir à
vos fins : les élémens de la Religion n'ont
jamais chargé que votre mémoire, ils n'ont
pas été introduits encore dans l'entende-
ment ; vous ne les connoiffez que comme
un joug facré de cérémonies pieufes,
dont vous n'avez jamais pénétré l'efprit.

Quid prohibet me baptifari ? Sages de la
terre, c'eft l'imperfection de vos lumieres bornées : aigles dans les Sciences hu-
maines, hibous dans les chofes de Dieu,
vous n'avez pas même foupçonné les tréfors immenfes, cachés dans votre Religion. J'en appelle à votre propre juge-
ment : eft-ce fçavoir que de n'avoir qu'une
connoiffance médiocre ?

Quid prohibet me baptifari ? Vous-mê-
mes prétendus habiles dans la Religion,
trop aigus & trop perçans dans des queftions acceffoires & importunes ; d'où vient

ce progrès si rapide de l'incrédulité sous vos yeux ? Si le peuple étoit instruit, il seroit inébranlable. Vous l'instruisez ! il n'entend jamais parler de la substance & des preuves triomphantes de la Religion. Les ignorez-vous ? ou les lui cachez-vous à dessein ?

Chrétiens superficiels, qu'est votre foi ? Une foi de préjugé, une foi d'éducation & comme de hasard ; peut-être une foi de vanité. Osez-vous le dire que vous croyez, parce que Dieu a parlé ? Eh ! qu'en sçavez-vous ? Connoissez-vous les Saints Livres, qui sont le dépôt de la foi ; les anciennes promesses, qui sont la base de la foi ; les mysteres, les graces, les devoirs de la Loi nouvelle, qui sont le corps de la foi ; la tradition & l'enseignement de l'Eglise, qui est la regle de la foi ?

Le vrai Chrétien est celui qui croyant & voyant l'accomplissement des Prophéties anciennes, croit & espere l'accomplissement des Prophéties évangéliques, C'est le sujet de la seconde Partie.

S E C O N D P O I N T.

LE Meſſie eſt venu : le Soleil de juſtice
s'eſt levé ; tout eſt accompli ; la lumiere
admirable nous luit ; la richeſſe infinie eſt
en nos mains ; J. C. s'eſt donné à nous ;
Dieu nous a tout donné avec lui ; ſes tré-
ſors n'ont rien de plus riche à produire :
le ſeul accroiſſement poſſible dans notre
bonheur eſt la jouiſſance plus parfaite &
plus étendue à l'infini , qui nous en eſt
préparée dans le Ciel. Nous n'y ſerons pas
riches d'un plus grand bien ; nous y
ſerons infiniment plus riches par la maniere infiniment plus parfaite, dont nous
y jouirons du même bien. La terre eſt en
effet un lieu d'exil, de paſſage , de mérite ; le Meſſie eſt venu pour nous rache-
ter, nous diſcerner, nous attirer : dans le
ciel il nous couronnera. Le Soleil de juſtice s'eſt levé ſous le nuage ; dans le ciel
il nous manifeſtera toute ſa ſplendeur.
Nous le poſſédons ſous le ſacrement de
la foi ; dans le ciel nous le poſſéderons face

à face. La vraie lumiere nous éclaire ; mais elle ne nous montre que son aurore. Le bien infini nous enrichit : mais nous n'en avons qu'un usage fort borné, qu'une propriété encore amissible par notre faute. Du bon usage de notre possession présente sur la terre, dépend l'acquisition de la possession pleine, surabondante, invariable dans le ciel. Notre possession présente, sans cesser d'être très réelle, est donc une figure & une prophétie de notre possession à venir : *Ex parte cognoscimus, & ex parte prophetamus.*

Sur ce principe irréfragable la Prophétie évangélique se réduit à deux objets : le *bonheur du ciel,* les *épreuves de la terre,* carriere du mérite. Le vrai Chrétien croit & espere ce bonheur, croit & s'attend à ces épreuves. En quoi son christianisme est-il sincere ? en ce que, pour obtenir le ciel, il vit en étranger sur la terre ; en ce que, dans les épreuves de la terre, il se soutient, il se dirige par l'espoir & l'ambition du ciel. Ces vérités fondamentales vous font connues, chers Cathécumenes, l'intérêt fi touchant du moment exige que je réveille rapidement votre fouvenir.

Le *bonheur du ciel* confifte à connoître intuitivement J. C.; à aimer avec tranfport Jefus-Chrift; à poff1éder pleinement J. C.; à être uni intimément & inféparablement à J. C. C'eft cette union à J. C. qui nous abforbera dans le fein de la Divinité; & nous en donnera la vifion béatifique, la charité confommée, la poffeffion éternelle. L'Evangile nous donne dès aujourd'hui la connoiffance, l'amour, la poffeffion, l'union de J. C.; mais connoiffance obfcure, amour commencé, poffeffion fous le voile, union imparfaite; & néanmoins, voie, racine, mérite de la connoiffance manifefte, de la charité tranfportée, de la poffeffion parfaite, de l'union éternelle.

Qu'eft-ce donc que fe faire Chrétien? c'eft mettre en J. C. toute notre félicité, toute notre ambition, toute notre affection pour ce monde & pour l'autre. Si nous l'y mettons toute, n'en détournons aucune partie ailleurs. Pour l'y mettre toute, retirons-la toute de tout ce qui n'eſt pas Jeſus-Chriſt, ou qui ne nous mene pas à lui. Ce n'eſt qu'au prix de cette mort ſpirituelle à tout le reſte, que nous ſommes Chrétiens.

Oui, chers Néophites, vous allez mourir, & vous enſevelir avec J. C. ; mourir au monde, à la chair, aux paſſions, à toutes les affections d'une nature dépravée par le péché d'origine. Le Baptême qui va effacer en vous la tache de ce péché, vous en laiſſera la peine, qui eſt la pente vers le vice ; vous vous engagez à combattre ſans relâche cette pente, & à en triompher. Vous allez ſortir de l'empire du Prince des ténebres ; les eaux baptiſmales doivent mettre entre vous & Pharaon une barriere éternelle. Si votre cœur doit revoler dans l'Egypte ; ſi vous devez vous regarder encore comme des habitans de la terre, faits pour en goûter les délices, pour en rechercher les avantages, pour en adopter les mœurs, les uſages,

la maniere de penſer ; enfin ſi vous devez faire comme nous ; arrêtez : ne ſouil-
lez pas les Eaux ſacrées ; elles ne lavent
point les cœurs téméraires qui viennent
dans la feinte, ou avec trop peu de ſin-
cérité.

Etrangers de bonne foi, qui demandez
d'être initiés à nos myſteres ; le Miniſtre
de la Divinité doit vous avertir des pré-
cipices cachés ſur les bords du ſentier
étroit, quoiqu'assûré & lumineux, qui
conduit juſqu'à ſon temple. Vous entrez
dans une Ègliſe ſainte, incorruptible,
ſans tache ; mais tous les membres qu'elle
contient dans ſon corps, ne vivent pas de
ſon eſprit : elle ſe plaint de nous : ſa
querelle infatigable eſt que nos mœurs
ne ſont pas les ſiennes. Prenez ſes mœurs,
laiſſez les nôtres, puiſque c'eſt dans ſon
ſein que vous vous refugiez. Les mœurs
évangéliques ſe liſent dans l'Evangile, ſe
remarquent dans les ſiecles de ferveur qui
nous ont précédé, brillent même parmi
nous, mais dans le petit nombre Nous l'a-

vouons tous ; & fi nos exemples vous font un piege, nos propres aveux font un préfervatif. Le falut n'eft que dans l'Eglife chrétienne & catholique : mais il n'y eft que pour ceux qui vivent conformément à leur foi ; le nombre des Elus eft le plus petit, même parmi les Chrétiens, parce que le grand nombre des Chrétiens eft devenu lâche. En matiere de croyance, la multitude eft notre bouffole : J. C. a promis l'inerrance à fon corps myftique. En matiere de mœurs, le petit nombre eft notre guide ; J. C. a prédit l'abondance de l'iniquité, la multiplication des fcandales, le réfroidiffement de la charité dans fes membres.

Malheur à vous, fi trompés par notre profeffion, vous prenez pour modele, ou les femmes chrétiennes, dans leur vanité ; ou les hommes chrétiens, dans leur amour pour la fortune ! Malheur, fi vous imitez l'orgueil de nos Scavans, l'ignorance de notre vulgaire, le faux point d'honneur de notre nobleffe, l'indépendance de notre populace, la mauvaife foi de nos commerçans, l'avidité de nos

gens d'affaires, l'idolâtrie de foi - même
hautement répandue dans toutes les con-
ditions ! Malheur, fi vous adoptez l'iniquité de nos jugemens, la témérité de
nos difcours, l'acharnement de nos mé-
difances, la facilité de nos calomnies, la
perfidie de nos amitiés, la fureur de nos
reffentimens, le feu fecret de nos jalou-
fies, les cabales ouvertes de nos envies !
Malheur, fi vous époufez la frivolité de
nos modes, l'affollement de nos théâtres,
la perverfité de nos éducations, l'indévo-
tion de nos prieres, l'oftentation de nos
aumônes ; en un mot, le libertinage de
notre jeunesse, l'obftination de nos vieil-
lards, l'anti-chriftianifme des uns, l'hy-
pocrite dévotion des autres, le froid
Chriftianifme du grand nombre ! Nous
avons changé en malheur la faveur qui
nous fit Chrétiens dés l'enfance. Nous ne
nous fommes jamais vus que Chrétiens ;
& nous avons voulu, nous avons cru pou-
voir devenir quelque chofe de plus, être
hommes importans, hommes heureux

ſur la terre. Nous nous ſommes fait une
fauſſe conſcience, une conſcience qui al-
lie le monde avec la Religion, la lumiere avec les ténebres, J. C. avec Belial.

Chrétiens avec connoiſſance de cauſe,
ſoyez-le réellement. Vous allez renoncer
à Satan, & à toutes ſes œuvres, ce ſont
tous les péchés ; à Satan & à toutes ſes
pompes, ce ſont toutes les amorces du
péché, toutes ces modes, auxquelles on
voudra vous aſſervir ; toutes ces occa-
ſions où l'on voudra vous engager ; toutes
ces coutumes, ces uſages équivoques,
ces belles manieres d'un ſiecle corrompu ;
ces exemples pleins de relachement qu'on
oſera canoniſer à vos yeux.

Le Baptème nous revêt de J. C. : dé-
pouillons-nous du vieil homme. Le Baptème eſt une régénération : à quel pro-
pos prendre une nouvelle naiſſance, ſi
elle ne doit être ſuivie d'une vie nouvelle ? La renaiſſance eſt ſpirituelle, la
vie doit être ſelon l'eſprit. Si le Meſſie
permettoit l'attachément à la terre, il en
auroit annexé quelques avantages à ſa

loi, il en auroit goûté quelques délices dans sa vie mortelle, faite pour nous servir d'exemple. Il ne nous est permis d'user de nos sens & du monde que comme J. C. en a usé.

C'est pour moi que le Fils de Dieu a tenu l'Univers dans l'attente pendant quatre mille ans ; pour moi qu'il est descendu sur la terre, qu'il s'est fait homme, qu'il est mort sur une croix. Tant de miséricorde me ravit, & ne m'étonne pas ; dès-là qu'il s'agissoit de me reformer sur son image, de me rendre conforme à lui dans sa gloire, & dans ses vertus. Mais s'il devoit consentir que mon cœur demeurât toujours avili dans la poursuite du même bonheur dont les pécheurs, dont les impies, dont les animaux qui broutent dans les champs, dont les Démons sont susceptibles ; où est l'objet digne de tant d'efforts dans un Dieu ? Oui, le Baptême nous impose la plus étroite obligation de vivre en étrangers & en hommes célestes sur la terre.

Une entreprise si sublime ne peut être

fans contradicteurs. L'enfer, le monde, la chair préparent leurs traverses. J. C. a tout prédit, afin de nous prémunir. Les pieges de nos ennemis font des *épreuves* dans la main du Seigneur; épreuves dans la carriere de la foi; épreuves dans la carriere des mœurs. Le vrai Chrétien, toujours dirigé, toujours foutenu par l'efpoir & l'ambition de la patrie célefte, ne fe laiffe, ni étonner, ni féduire; il croit & s'attend à tous les fcandales; il croit, il efpere, il eft plein de force pour en triompher.

Epreuve dans la carriere de la foi. Nouveaux venus, qui nous êtes déjà fi chers, le péril eft trop grand pour ne pas le dénoncer à votre vigilance. Echappant au gouffre du Judaïfme, vous entrez dans le port de l'Eglife : prenez garde aux bancs de fable fur la droite & fur la gauche : tenez votre courfe dans le milieu. Quel malheur, fi quittant les fables de vos Rabbins, vous alliez embraffer les fyftêmes non moins fabuleux des nôtres! Vous trouverez parmi nous

(39)

des scissions & des discordes ; le scandale, loin de vous effrayer, doit vous raffermir : il vérifie la prophétie de l'Evangile. Une Eglise sans factions, seroit-elle l'Eglise chrétienne ? Elle est la mere de la paix, elle ne respire que la paix, elle ne transmet au ciel que les enfans de la paix : mais elle sera toujours affligée par le trouble ; l'agitation du crime est nécessaire pour le discernement du bon grain.

Comprenez la Prophétie. Remarquez la forme propre sous laquelle elle s'accomplit à nos yeux. Suivez-en le précepte : Aussi-tôt que j'aurai quitté la terre, dit J. C. , commenceront les jours, où l'on vous dira, à vous mes Disciples, & dans le sein de mon Eglise, *dicent vobis*, le Christ est ici, le Christ est là : *Ecce hic & ecce illic*. Qui vous le dira ? des gens sans titre ; esprits remuans, amoureux de la singularité, affectant la gloire du zele & des lumieres, se donnant pour les docteurs, les redresseurs, les guides des autres par ambition ; ils

Luc. 17. 23.

n'auront pas ma nomination ; je ne leur donne aucune qualité ; je ne vous les défigne que comme des difcoureurs. On dira : *dicent*. Quoiqu'un feul à leur tête ait penfé, inventé, imaginé, ce ne fera pas un feul qui parlera ; ils parleront en bande, *dicent*. Bande unie au corps de mon Eglife, puifqu'ils chercheront à briller & à dominer parmi vous, *dicent vobis*. Bande particuliere, puifqu'ils parleront d'un bon côté, & d'un mauvais côté, *ecce hic & ecce illic*. Bande qui ne fera jamais feule ; elle aura toûjours fon antagonifte. La vérité doit toûjours régner, & ne jamais difputer. Autour de fon trône immobile, il y aura toujours un côté & un côté qui fe débatront entre eux ; *ecce hic & ecce illic*. O vous mes Difciples, ne fuivez jamais aucun côté, *ne fectemini*. Le Chrift n'eft jamais ici, il n'eft jamais là ; il eft dans fon Eglife, il eft dans la totalité.

Former une bande, dit S. Auguftin expliquant ce même texte de l'Evangile ; former une bande particuliere dans le

corps de l'Eglife , quoiqu'en fe glorifiant
d'en être le boulevart & la colonne ,
c'eft la divifer dans fon cœur. Marcher
fous le nom & la banniere d'un homme ,
quoique fans abandonner l'étendart de
J. C. , c'eft déprécier cet Homme-Dieu.
La multitude eft le nom de l'Eglife , le
nom de bande eft l'enfeigne de l'orgueil
& de la fauffeté. Partis, d'héréfie , partis
même de fimple faction , quoique fans
infulte averée contre la foi, tels que parmi
les Corinthiens! vous êtes tous des ennemis
de J. C. & de l'Eglife. Toute doctrine née
après lui, lui eft étrangere. Toute doctrine
étrangere lui eft injurieufe. En vain elle
fe glorifie de fa non-difformité , de fa
fociabilité , de fon fecours d'illuftration
favorable à la parole de J. C. Eh ! Voilà
l'injure fuprême faite à la lumiere divine,
de vouloir lui montrer comment elle auroit dû fe produire & repandre fes rayons!
Anathême , anathême à tout Ange ,
même defcendu du Ciel, qui ofe nous
enfeigner , je ne dis pas contre , mais
au - delà de ce que Jefus Chrift nous a

revelé. *Præter id quod accepiſtis.*

Quiconque en nous enfeignant la doc‑
trine de J. C., s'étaye d'ailleurs , s'étaye
des découvertes & des fyſtêmes de l'efprit
humain, eſt un voleur & un larron. Cette
diſtinction eſt de J. C. même : *Qui af‑*
cendit aliundè , ille fur eſt & latro. Telle
eſt la deſtinée que l'Homme - Dieu a
choifie pour lui jufqu'à la fin des fiecles,
dit Tertullien : il a toujours été, il eſt
encore, il fera toujours crucifié au milieu
des voleurs. Chaque voleur le revendi‑
que de fon côté, & il a raifon en ce
qu'il ne le voit pas dans le côté oppofé ;
il a toujours tort de l'imaginer dans le
fien propre. J. C. n'eſt jamais d'aucun côté ;
il eſt fur fa croix , non fur celle des vo‑
leurs. C'eſt pour cela qu'il fit mettre fon
nom fur la fienne. Les autres deux étoient
fans titre. Le meilleur larron, quoiqu'aux
côtés de J. C. , eſt un larron, & n'a pas
J. C. avec lui. Enfin quand J. C. voulut
convertir le bon larron ; il lui promit de
le retirer de fon côté, & de le prendre
avec lui-même , *hodiè mecum eris.*

Joan.
10. 1.

La carriere des mœurs vous offrira des épreuves plus abondantes encore & plus dangereuses ; je serois infini, si je voulois seulement les indiquer. Je m'arrête, parce que ce sont celles qu'on vous a inculquées avec plus de soin & d'étendue.

La vie de l'homme sur la terre est une tentation continuelle, & la vie du Chrétien est un combat souvent plus laborieux encore, comme devant aboutir à une couronne plus brillante. Tout abonde en scandales. Scandales qui prennent leur principale force des passions, des intérêts, du plaisir, de la répugnance, de l'espoir, de la crainte ; scandales qui naissent des pieges extérieurs, des exemples pernicieux, des séductions artificieuses, du respect humain adroitement ménagé ; scandales plus redoutables encore des persécutions, des railleries, des calomnies, des injustices, des perfidies de la part des hommes ; des tribulations, des adversités, des revers que Dieu nous ménage pour nous faire discerner si notre christianisme est sincere. Le vrai Chrétien ne doit entrer dans la carriere, qu'armé de patience, de réfignation, de force à fouffrir, de courage à remporter le prix par fa conftance. Dans l'Eglife naiffante, on n'étoit propre au baptême que par la difpofition au martyre; la même difpofition eft néceffaire, quoique le danger prochain ait ceffé. Le martyre & la fouffrance font l'ambition d'un cœur fincérement étranger à la terre, plein de l'efpérance & du vrai defir du Ciel.

Je vous parle fans ambages; la droiture de votre cœur m'autorife. Vous ne cherchez que J. C. L'avantage fi brillant d'être préfentés au Baptême par le plus grand Roi de l'Univers, par la plus augufte Reine qui fe foit affife fur le trône des lys : vous l'avez reçu avec des yeux chrétiens, votre reconnoiffance en a été plus vive, votre humilité plus étonnée, votre chriftianifme plus épuré.

C'eft à la Religion d'applaudir, à l'Eglife d'éclater en tranfports, aux François de fe joindre à vous, & de fe répandre devant le Seigneur en actions de graces.

Vous étendez chaque jour, ô mon Dieu ! vos bienfaits sur notre Royaume ; vous nous développez de plus en plus la richesse du don que votre main favorable nous a fait dans la personne sacrée de notre Monarque. Grand sans ostentation, bienfaisant par inclination, droit & équitable par caractere ; il efface déja dans la premiere fleur de ses années, la gloire de ses plus brillans ancêtres. Ses armes, par un succès plus que royal, donnent la loi à l'Europe reconnoissante. La sûreté de son peuple & celle des peuples voisins & éloignés le proclame son restaurateur, son protecteur. Roi Pasteur au milieu de sa nation, Roi-Pere : en montant sur le trône de ses ayeux, il a porté un œil éclairé sur toutes les parties de l'administration. Nouveau Josias, quel ouvrage immense sa sagacité lui a fait appercevoir ! quelles ressources puissantes son cœur & son génie lui ont découverts ! quelle énergie son activité & sa prudence a sçu leur donner ! Grand Dieu ! le Peuple François vous est cher encore : vous avez versé dans le cœur de son Maître les vertus qui font les grands Rois, les vertus bien plus rares qui font les bons Rois ; l'amour du vrai, la tendresse pour ses sujets, la prudence qui prévoit, la sagesse qui ordonne, la fermeté qui exécute, la droiture qui dirige ; & le plaisir de faire du bien est sa boussole générale. L'Etat, sous ses auspices, reprend sensiblement sa splendeur & l'augmente, recouvre sa richesse & la consolide, rétablit sa supériorité & l'agrandit. L'audace des mœurs, par un commencement de révolution plus desirée qu'attendue, s'affoiblit & s'intimide : nous osons concevoir l'espoir de leur rétablissement. Si des Juifs il fait avec joie des Chrétiens ; avec quelle complaisance, des François qui dégénerent de la piété de leurs peres, ne feroit-il pas des Chrétiens dignes de l'être !

Vous devez l'occasion de votre bonheur, tendres Néophites, à l'illustre sensibilité d'une Reine digne de son rang, de son trône, de son Epoux. Généreuse, & avide des occasions de faire du bien, héritiere de toutes les grandes qualités d'une mere à jamais célebre, héritiere en particulier de son tendre intérêt pour votre Nation, qui sera toujours chere à une foi éclairée; elle s'est fait un bonheur de vous présenter à la Religion, de se porter pour votre garant au pied des Autels, de se déclarer votre protectrice. Elle a des droits à la reconnoissance, à l'amour, à l'hommage de toute la France. Vous êtes trop heureux, qu'elle veuille encore avoir des droits particuliers à l'hommage de vos cœurs.

Levez-vous donc avec ardeur, sous la conduite d'un Héros, accoutumé à représenter son Roi avec dignité. La fonction qu'il a rempli avec éclat devant les Puissances de la terre, il la remplira avec la même droiture & la même générosité de christianisme aux yeux de Dieu & de l'Eglise.

La Princesse qui va vous conduire au nom de sa Maitresse, étoit digne à tous égards du soin dont on la charge. Est-ce la Majesté Royale qui l'a choisie comme

(48)

la plus propre à la repréfenter ? Eſt-ce la
Religion qui l'a déſignée comme la main
la plus agréable dont elle pût recevoir le
préſent ? Les deux choix ſe ſont réunis.

Mais je vous retiens trop long-temps.
Oubliez , oubliez la terre , deſcendez
dans ces eaux vivifiantes , d'où vous ſor-
tirez nouvelles créatures en Jeſus-Chriſt.
Que le vieil homme ſoit détruit ; que
Pharaon ſoit ſubmergé ; que le Ciel s'ouvre ; que l'Eſprit - Saint deſcende , &
vous conſacre par ſa grace comme ſon
temple.

Chrétiens ici préſens ! Ils vont bientôt
reparoître à vos yeux comme les vénéra-
bles objets d'une ſainte envie. Occupez-
vous , pendant qu'ils deſcendent dans la
piſcine , à ſentir la grandeur de la grace
qui va les inonder. Concevez une ſainte
émulation de la reſſuſciter en vous. *Au
nom du Pere , du Fils , & du Saint-Eſprit.
Ainſi ſoit-il.*

Lu & approuvé , le 30 Mai 178;. RIBALLIER.
Permis d'imprimer , à Paris , le 31 Mai 1783.
LENOIR.

www.ingramcontent.com/pod-product-compliance
Ingram Content Group UK Ltd.
Pitfield, Milton Keynes, MK11 3LW, UK
UKHW021714130726
13696UKWH00004B/1810